This Book Belongs To ...

....

....

....

....

Date: ___ / ___ / ___   Page No:

Date:_____/_____/_____   Page No:

Date:_____/_____/_____   Page No:

Date: ___/___/_____   Page No:

Date: _____ / _____ / _____   Page No:

Date:_____ / _____ / _____   Page No:

Date:_____/_____/_____   Page No:

Date: _____ / _____ / _____   Page No:

Date: ___ / ___ / ___   Page No:

Date:_____/_____/_____

Page No:

Date:_____/_____/_____   Page No:

Date:_____/_____/_____   Page No:

Date:____/____/____   Page No: